LA LUZ

POR SALLY M. WALKER
FOTOGRAFÍAS POR ANDY KING

EDICIONES LERNER • MINNEAPOLIS

La edición en español fue realizada por un equipo de traductores hablantes nativos del español de translations.com, empresa mundial dedicada a la traducción.

Fotografías adicionales reproducidas con la autorización de: © Bettmann/CORBIS, pág. 17; © Royalty-Free/CORBIS, pág. 37.

ediciones Lerner
Una división de Lerner Publishing Group, Inc.
241 First Avenue North
Minneapolis, MN 55401 EUA

Dirección de Internet: www.lernerbooks.com

Library of Congress Cataloging-in-Publication Data

Walker, Sally M.
   [Light. Spanish]
   La luz / por Sally M. Walker ; fotografias por Andy King.
      p. cm. —   (Libros de energía para madrugadores)
   Includes index.
   ISBN 978–0–8225–7719–5 (lib. bdg. : alk. paper)
      1. Light—Juvenile literature. 2. Optics—Juvenile literature. I. King, Andy, ill. II. Title.
QC360.W34618 2008
535—dc22   2007004102

Fabricado en los Estados Unidos de América
1 2 3 4 5 6 – DP – 13 12 11 10 09 08

CONTENIDO

DETECTIVE DE PALABRAS

¿Puedes encontrar estas palabras mientras lees sobre la luz? Conviértete en detective y trata de averiguar qué significan. Si necesitas ayuda, puedes consultar el glosario de la página 46.

absorber	materia	refracción
átomos	molécula	translúcido
energía	opaco	transparente
fotón	rayos	
longitud de onda	reflejar	

Jugar con la luz puede ser divertido. Pero también necesitamos la luz. ¿Por qué es importante la luz?

CAPÍTULO 1
¿QUÉ ES LA LUZ?

¿Alguna vez has tratado de escaparte de tu sombra? ¿O has hecho caras frente al espejo? Sin la luz no podrías jugar a estos juegos.

La luz es una forma de energía. La luz nos permite ver el mundo que nos rodea. La luz también crea calor. El Sol produce mucha luz y calor.

La luz del Sol hace que la vida en la Tierra sea posible. La luz solar transporta energía a las plantas y a los animales. La luz solar también transporta calor a la Tierra. Toda el agua de nuestro planeta se congelaría sin el calor de la luz solar.

La mayor parte de la energía luminosa viene del Sol.

El fuego también crea luz y calor. El fuego puede usarse para calentar cosas o para iluminar un área. La energía luminosa de las bombillas ilumina edificios y vecindarios. Algunos láseres usan la energía luminosa para cortar cosas.

La luz roja de este control remoto controla el televisor.

Todo a tu alrededor está hecho de átomos. El aire, el agua, las plantas, los muebles e incluso tu cuerpo están hechos de átomos.

La luz es muy importante. ¿Pero de dónde viene? La luz proviene de partículas diminutas llamadas átomos. Los átomos son tan pequeños que caben millones de ellos en el punto al final de esta oración.

Los átomos a veces pueden tener energía adicional, lo mismo que te pasa a ti. Cuando esto sucede, se dice que los átomos "se excitan". Las partículas adentro de un átomo excitado se mueven más rápido. Si el átomo se excita lo suficiente, dispara una pequeña explosión de energía luminosa. Esta pequeña explosión de energía luminosa se llama fotón.

Cuando estás con mucha energía, probablemente brincas y saltas. Cuando los átomos de una fuente luminosa están excitados, emiten fotones.

Los rayos de luz se alejan de una fuente luminosa en todas las direcciones.

bombilla

rayos de luz

Un fotón sale de una fuente luminosa. Los átomos excitados del Sol disparan fotones todo el tiempo. Los fotones viajan en los rayos. Los rayos son haces delgados de luz. Un rayo láser es una fila de fotones en movimiento. Los rayos de luz de una linterna también son fotones en movimiento. Los rayos de luz se alejan de su fuente en todas las direcciones al mismo tiempo. Es por eso que la luz de una bombilla puede iluminar una habitación entera.

Estos niños juegan a que son átomos unidos. ¿Cómo se llaman dos o más átomos que están unidos entre sí?

CAPÍTULO 2

LA MATERIA Y LA LUZ

Todo a tu alrededor está hecho de átomos diminutos que están unidos entre sí. Cuando dos o más átomos se unen, crean una molécula. Una molécula es más grande que un átomo. Pero sigue siendo muy pequeña.

La roca es sólida. La leche del vaso es líquida. ¿Qué tipo de materia es el vaso?

Los átomos y las moléculas forman la materia. La materia es todo aquello que puede pesarse y ocupa espacio.

A veces la materia es sólida, como en las rocas y los muebles. Otras veces la materia es líquida, como en la leche o el agua. La materia también puede ser gaseosa. El aire que respiramos está formado por gases. Entonces, ¿qué tiene que ver la materia con la luz?

Normalmente no podemos ver los rayos de luz mientras se mueven. Pero a veces podemos ver los rayos de luz cuando tocan la materia.

Tú puedes hacer que los rayos de luz se vean. Necesitarás papel de aluminio, una linterna, un alfiler, una cucharada de harina y una hoja de periódico.

Si no tienes harina, puedes usar talco o polvo de tiza.

Normalmente la luz de una linterna se esparce mientras viaja. Pero a través de un agujero pequeño, la luz viaja como un haz delgado.

Despliega el periódico en el suelo, cerca de una pared. Cubre el extremo de tu linterna por donde sale la luz con papel de aluminio. Usa el alfiler para hacer un pequeño agujero en el centro del papel de aluminio. Llena la cuchara con harina y colócala sobre el periódico.

Apaga la luz de la habitación y enciende la linterna. Apunta la linterna hacia la pared, arriba de donde colocaste el periódico. ¿Puedes ver un círculo de luz en la pared?

Ves un círculo de luz en la pared, pero no ves los rayos de luz que van desde la linterna hasta la pared.

A veces puedes ver los rayos de luz en movimiento cuando atraviesan la ventana en un día soleado. Los rayos chocan contra el polvo y otras partículas de materia en el aire.

Levanta la cuchara de harina. Sopla suavemente la harina hacia el espacio entre la linterna y la mancha de luz. ¿Puedes ver el haz de luz? Sí. Los rayos de la linterna viajan en línea recta hacia la pared. Ahora puedes ver los rayos porque chocan contra la harina, ¡y la harina es materia!

La luz sigue viajando hasta que choca contra algo. Entonces, rebota como una pelota. ¿Qué pasa cuando la luz rebota contra un objeto?

CAPÍTULO 3
LA LUZ REBOTA

Podemos ver objetos porque la materia refleja los rayos de luz. Reflejar quiere decir rebotar. Los rayos de luz se reflejan en los objetos de la misma forma que una pelota rebota en el suelo. Si un objeto no refleja los rayos de luz, no lo podemos ver. Tú lo puedes comprobar.

Aún puedes ver los objetos en esta habitación. Los objetos reflejan un poco de luz en tus ojos. ¿De dónde viene la luz?

Necesitarás una habitación con un espejo de pared y una linterna. Haz que la habitación esté lo más oscura posible. Si está totalmente oscura, no verás las paredes. Esto sucede porque ningún rayo de luz se refleja en las paredes. Si apenas puedes ver las paredes, hay un poco de luz en la habitación. Las paredes reflejan la luz en tus ojos.

Sostén la linterna en frente de tu pecho. Enciéndela y apunta hacia una pared vacía. La pared absorbe muchos rayos de luz. Otros rayos se reflejan en tus ojos. ¿Cómo lo sabes?

Los rayos de la linterna hacen un círculo de luz en la pared.

La pared es áspera. Así que los rayos de luz que chocan contra ella rebotan en muchas direcciones. Sólo algunos de los rayos se reflejan en tus ojos.

Lo sabes porque puedes ver un círculo de luz donde los rayos se reflejan en la pared. La parte de la pared que no refleja luz está oscura.

Observa tu camisa. ¿Hay un círculo de luz en ella? No. No se reflejan suficientes rayos para hacer un círculo de luz en tu camisa.

Párate frente a un espejo. Sostén nuevamente la linterna a la altura de tu pecho. Esta vez, apunta directo al espejo. Observa tu camisa. ¿Hay un círculo de luz? Sí. ¿Por qué?

El espejo refleja suficiente luz para hacer un círculo de luz en tu camisa.

Puedes cambiar la dirección en que se reflejan los rayos. Intenta apuntar la linterna hacia el espejo desde diferentes direcciones. El círculo aparecerá en diferentes lugares de tu cuerpo o en la pared detrás de ti.

El círculo está allí porque el espejo refleja más luz que la pared. La superficie del espejo es muy lisa. Las superficies lisas reflejan bien la luz. La mayoría de los rayos de luz que chocan contra el espejo se reflejan en tus ojos.

CAPÍTULO 4
LA LUZ SE DOBLA

Algunos rayos de luz no se reflejan, sino que atraviesan ciertos tipos de materia. Cuando la luz atraviesa la materia fácilmente, esa materia se llama transparente. El aire es transparente. También el agua y los gases son transparentes. Los rayos de luz pasan fácilmente a través de estos materiales.

Las nubes son translúcidas cuando una pequeña cantidad de luz solar brilla a través de ellas.

Algunos tipos de materia dejan pasar pocos rayos de luz. Esto hace que la luz sea tenue. La materia que deja pasar poca luz se llama translúcida. El papel encerado, la leche y la tela delgada son translúcidos. La niebla y las nubes ligeras también son translúcidas.

Otros tipos de materia paran por completo los rayos de luz. A través de ellos no pasa nada de luz. Este tipo de materia se llama opaca. Los ladrillos son opacos. También el papel de aluminio y un bloque grueso de madera son opacos. Tu cuerpo es opaco. Es por eso que proyectas una sombra. Una sombra es un área que los rayos de luz no pueden atravesar.

Tu cuerpo es opaco. Bloquea la luz y crea una sombra.

La luz viaja muy rápidamente. No importa que tan rápido se mueva este auto, la luz de sus faros siempre viaja más rápido.

Los rayos de luz viajan a gran velocidad. Viajan con mucha mayor rapidez que con la que parpadeas. Los rayos de luz en el espacio exterior viajan a una velocidad de 186,282 millas (299,791.8 kilómetros) por segundo. Los rayos de luz disminuyen su velocidad cuando entran en el aire de la Tierra. Aun así, un rayo de luz del Sol viaja sólo ocho minutos para alcanzar la Tierra. Un cohete tardaría muchos años para hacer ese mismo viaje.

Los rayos de luz se pueden doblar cuando pasan de un tipo de materia transparente a otro. El vidrio y el agua son transparentes.

Los rayos de luz se pueden doblar cuando pasan de un tipo de materia a otro. Se doblan porque su velocidad cambia. El cambio de dirección de los rayos de luz se llama refracción. Tú puedes ver cómo se refractan los rayos de luz. Necesitarás un vaso lleno hasta la mitad de agua y un bolígrafo o un lápiz.

Coloca el bolígrafo o el lápiz dentro del vaso. Déjalo apoyado sobre un lado del vaso. Levanta el vaso hasta que el agua esté a la altura de tus ojos. Observa el lápiz. ¡Parece que estuviera doblado! ¿Por qué?

Este bolígrafo parece doblado o quebrado cuando está a medias en el agua. La parte del bolígrafo que está en el agua también parece más gruesa.

La parte de arriba del lápiz está en el aire. Los rayos de luz reflejados desde esta parte del lápiz viajan rápidamente. Los rayos de luz reflejados desde la parte de abajo del lápiz viajan a través del agua. Los rayos de luz viajan más lentamente en el agua que en el aire. Cuando los rayos de luz salen del agua, aumentan su velocidad.

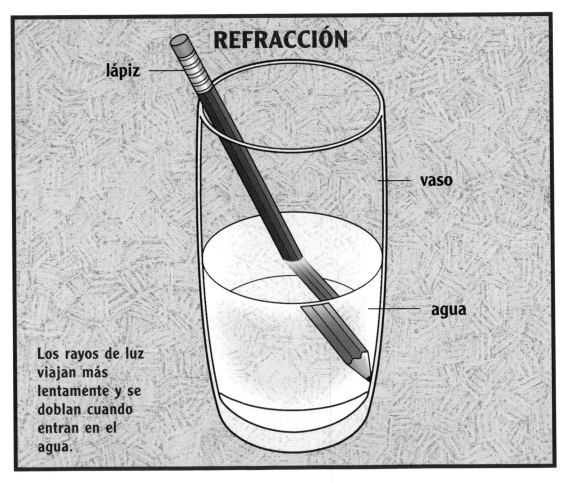

REFRACCIÓN

lápiz

vaso

agua

Los rayos de luz viajan más lentamente y se doblan cuando entran en el agua.

El bolígrafo parece estar derecho cuando no está en el agua. Los rayos de luz que rebotan en el bolígrafo no están refractados.

Los rayos que rebotan en la parte de abajo del lápiz se refractan a medida que aumentan de velocidad. Los rayos cambian de dirección y hacen que el lápiz parezca doblado. Pero si sacas el lápiz del vaso, puedes ver que no está doblado.

La luz puede verse blanca. Pero en realidad está formada por muchos colores. ¿Qué tipo de luz está formada por todos los colores?

CAPÍTULO 5

LOS COLORES

La luz solar se llama luz blanca. Pero la luz blanca tiene muchos colores diferentes mezclados. ¡Tiene todos los colores del arco iris! Un experimento simple te ayudará a comprobar esto. Necesitarás una fuente poco profunda, agua, un espejo y una linterna.

Llena la fuente con agua. Colócala sobre la mesa o en un mueble cerca de la pared. Apoya el espejo contra el lado de la fuente que esté más alejado de la pared. La mitad del espejo debe estar fuera del agua.

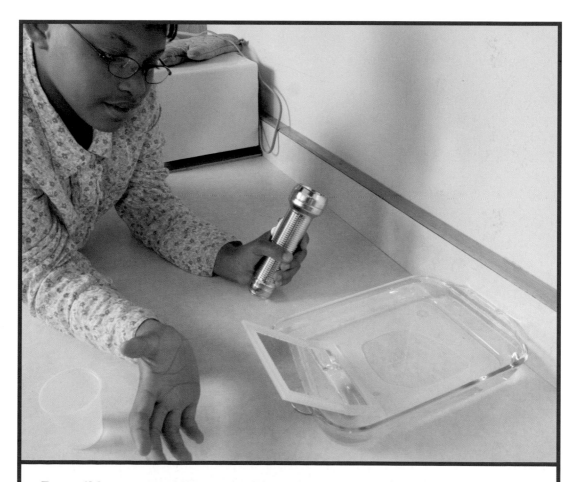

Es posible que necesites usar cinta adhesiva o poner un peso en la base del espejo para que no se resbale.

Intenta bajar el espejo o mover los rayos de la linterna para que puedas ver el arco iris.

Con la linterna, alumbra la parte del espejo que está debajo del agua. Un arco iris aparecerá en la pared. Has dividido la luz blanca de la linterna en muchos colores. ¿Qué hace que los colores aparezcan?

La refracción hace aparecer los colores. La luz actúa como una onda. Una onda es como una línea que se mueve todo el tiempo hacia arriba y hacia abajo. La distancia desde un extremo de una onda al próximo extremo es la longitud de onda.

Cada color de la luz tiene una longitud de onda diferente. La luz azul tiene una longitud de onda corta. La luz roja tiene la longitud de onda más larga. Cada color se refracta una cantidad diferente.

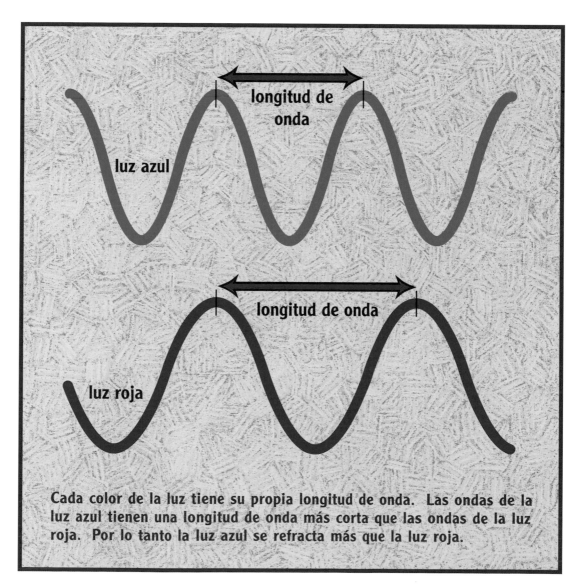

longitud de onda

luz azul

longitud de onda

luz roja

Cada color de la luz tiene su propia longitud de onda. Las ondas de la luz azul tienen una longitud de onda más corta que las ondas de la luz roja. Por lo tanto la luz azul se refracta más que la luz roja.

Cuando la luz blanca viaja por el agua, todas las ondas de luz se refractan. Cada longitud de onda de la luz se dobla en diferentes cantidades. Esto separa la luz blanca en colores. El espejo sirve para reflejar las ondas en la pared. Nuestros ojos las ven como colores distintos. Podemos ver todos los colores al mismo tiempo. Vemos un arco iris.

CÓMO CREAR UN ARCO IRIS

linterna

luz blanca

espejo

agua

arco iris en la pared

Ves la manzana de color rojo porque la manzana absorbe todos los colores excepto el rojo. La luz roja se refleja desde la cáscara de la manzana.

Cada objeto absorbe y refleja las ondas de luz de una manera diferente. Por eso los objetos tienen colores diferentes. Cuando un objeto refleja todas las ondas de luz, parece blanco.

Cuando ves una manzana roja, estás viendo ondas de luz rojas. La manzana refleja ondas de luz rojas. La manzana absorbe las ondas de luz de los otros colores.

Cuando estás al aire libre en un día soleado, tienes más calor cuando usas una camisa negra que cuando usas una camisa blanca. ¿Sabes por qué?

CAPÍTULO 6

LA LUZ Y EL CALOR

Cuando un objeto absorbe todos los colores de la luz, se ve negro. ¿Qué pasa con la materia cuando absorbe las ondas de luz?

Para este experimento, usa dos vasos iguales. Si los vasos son diferentes, el experimento no saldrá bien.

Cuando la materia absorbe los rayos de luz, los rayos hacen que la materia se caliente. Puedes comprobar esto con cuatro pedazos de papel: dos blancos y dos negros. También necesitarás cinta adhesiva, tijeras, un termómetro, agua y dos vasos idénticos.

Llena los dos vasos con agua fría. Mide la temperatura del agua en cada vaso. Anota las temperaturas. El agua de los dos vasos debe tener la misma temperatura.

Envuelve un vaso con papel blanco. Cubre la parte de arriba del vaso con un pequeño pedazo de papel blanco. Haz lo mismo con el otro vaso usando papel negro.

Coloca los vasos uno al lado del otro a la luz del sol. Espera 30 minutos. Mide la temperatura del agua en cada vaso. ¿Cambiaron las temperaturas?

Haz este experimento al mediodía. A esa hora, los rayos del sol son más fuertes.

El papel negro absorbió todos los rayos de luz. La luz que absorbió calentó el agua del vaso. La temperatura del agua subió.

El agua del vaso cubierto con papel negro está mucho más caliente. ¿Por qué? El papel negro absorbió todos los rayos de luz. Los rayos absorbidos calentaron el agua.

El agua del vaso cubierto con papel blanco no se calentó tanto. ¿Por qué? El papel blanco reflejó la mayoría de los rayos de luz y absorbió menos rayos. Así que el agua no se calentó tanto como el agua del otro vaso.

El papel blanco reflejó la mayoría de los rayos de luz.

Puedes verte en el espejo gracias a la luz. El espejo refleja la luz a tus ojos.

Has aprendido mucho sobre la luz. La luz solar calienta la Tierra. La luz ilumina un lugar oscuro. Le da color a tu vida. La próxima vez que te mires en un espejo, piensa en la luz. ¡Sin ella, no verías tu reflejo!

SOBRE COMPARTIR UN LIBRO

Al compartir un libro con un niño, usted le demuestra que leer es importante. Para aprovechar al máximo la experiencia, lean en un lugar cómodo y tranquilo. Apaguen el televisor y eviten otras distracciones, como el teléfono. Estén preparados para comenzar despacio. Túrnense para leer distintas partes del libro. Deténganse de vez en cuando para hablar de lo que están leyendo. Hablen sobre las fotografías. Si el niño comienza a perder interés, dejen de leer. Cuando retomen el libro, repasen las partes que ya han leído.

DETECTIVE DE PALABRAS

La lista de la página 5 contiene palabras que son importantes para entender el tema de este libro. Conviértanse en detectives de palabras y búsquenlas mientras leen juntos. Hablen sobre el significado de las palabras y cómo se usan en la oración. ¿Alguna de estas palabras tiene más de un significado? La definición de las palabras se encuentra en el glosario de la página 46.

¿QUÉ TAL UNAS PREGUNTAS?

Use preguntas para asegurarse de que el niño entiende la información del libro. He aquí algunas sugerencias:

¿Qué nos dice este párrafo? ¿Qué muestra la imagen? ¿Qué crees que aprenderemos ahora? ¿Qué es un fotón? ¿Por qué tipo de materia atraviesa la luz fácilmente? ¿Qué pasa con la materia cuando absorbe todas las ondas de luz? ¿Cuál fue tu experimento favorito? ¿Por qué?

Si el niño tiene preguntas, no dude en responder con otras preguntas, como: ¿Qué crees *tú*? ¿Por qué? ¿Qué es lo que no sabes? Si el niño no recuerda algunos datos, consulten el índice.

PRESENTACIÓN DEL ÍNDICE

El índice le permite al lector encontrar información sin tener que revisar todo el libro. Consulte el índice de la página 48. Elija una entrada, por ejemplo, *sombras*, y pídale al niño que use el índice para averiguar cómo se forman las sombras. Repita este proceso con todas las entradas que desee. Pídale al niño que señale las diferencias entre el índice y el glosario. (El índice le sirve al lector para encontrar información, mientras que el glosario explica el significado de las palabras.)

EL MAGNETISMO

LIBROS

Gibson, Gary. *Light and Color*. Brookfield, CT: Copper Beech Books, 1995. Experimenta con la luz solar, cámaras, caleidoscopios, tinturas, imágenes en movimiento y en tercera dimensión para aprender sobre la ciencia detrás de la luz y el color.

Murphy, Bryan. *Experiment with Light*. Princeton, NJ: Two-Can Publishing, 2001. Descubre qué tienen que ver la luz y el color con los relojes de sol, los anteojos, las ilusiones ópticas, la televisión y mucho más.

Nankivell-Aston, Sally, and Dorothy Jackson. *Science Experiments with Color*. Nueva York: Franklin Watts, 2000. Explora los principios básicos del color y la luz utilizando dibujos, luces, materiales, luz solar y plantas.

Otto, Carolyn B. *Shadows*. New York: Scholastic Reference, 2001. Aprende todo sobre las sombras en este libro fácil de leer.

Tocci, Salvadore. *Experiments with Light*. Nueva York: Children's Press, 2001. Este libro tiene muchos experimentos divertidos que muestran cómo funcionan la luz y el color.

SITIOS WEB

Make a Splash with Color
http://www.thetech.org/exhibits_events/online/color/intro/
Las atractivas ilustraciones ayudan a explicar de dónde viene el color, qué podemos hacer con él y cómo lo vemos.

ReviseWise Science: Physical Processes: Light
http://www.bbc.co.uk/schools/revisewise/science/physical/14_act.shtml
Este sitio interactivo ofrece actividades divertidas, datos y juegos acerca de las fuentes luminosas, la reflexión y las sombras.

GLOSARIO

absorber: embeber o chupar

átomos: partículas diminutas que forman las cosas

energía: la capacidad para trabajar

fotón: un paquete diminuto de energía luminosa

longitud de onda: la distancia en una onda de una cima a la siguiente

materia: todo lo que puede pesarse y ocupa espacio. La materia puede ser un sólido, un líquido o un gas.

molécula: un grupo de átomos unidos entre sí

opaco: que bloquea los rayos de luz por completo

rayos: haces delgados de luz

reflejar: rebotar en la materia

refracción: el cambio de dirección de la luz cuando pasa de un material a otro

translúcido: que deja pasar un poco de luz, pero no toda

transparente: que deja pasar toda la luz para que los objetos del otro lado puedan verse claramente

ÍNDICE

Las páginas indicadas en **negritas**
hacen referencia a fotografías.